행복한 하늘

최석용 시집

도서출판 경남

시인의 말

나에게 시는 어떤 의미일까
농부인 나에게 시는 창조본능이며
살아 있음에 감사함을 알게 하는 신앙심의 발로 같은 것입니다
흙을 사랑하기에 자연의 질서 속에서 태어나는 모든 창조물들이
너무 아름다워 가슴으로 토해내고 싶었습니다.
하지만 그 아름다운 것에 대하여 비교하기
부끄러운 운율을 붙여 놓았습니다.
미숙함과 모자람이 많은 생애 첫 시집을
내기 위해 많은 고민을 했습니다.
너무 서두르는 것이 아닐까
잉태하며 출산하는 고통을 알아야 하는데
하지만 나의 이런 자문과는 관계없이

화살은 이미 시위를 떠나 있었습니다.

젊은 날의 손에 잡혀 있었던 시집 한권 읽고 또 읽으면서

여린 가슴에 감성의 뿌리를 내리게 했던 그 시집이

그리워서 서러워서 보고 싶어서입니다.

시는 나에게 그리움과 사랑이 되었고

언제부턴가 하나님께 감사하는 노래가 되어 있었기 때문입니다

부족하지만 둥지 속에서 나와 작은 날개를 펴고 싶습니다.

작은 새의 첫 비행은 꼭 날아야 하기 때문입니다.

감사합니다.

2011. 여름

신어산 굽은 소나무를 바라보면서

최석용

| 차 례 |

2.

3.

4.

제1부

2월 21일 봄

한겨울의
깊은 동면 위로
하얗게 쓰러진 들풀 위로
아이들처럼 일어나
들판으로 달리며 노니는 햇살이여
어린 봄을
파르르 떨리게 입맞춤하여
봄은 그렇게
사랑에 눈을 떴습니다.

대문 밖
빨간 우체통
소인 찍힌 결혼청첩장
연인들 가슴에
봄은 이미 와 있었습니다

봄

매화꽃 한 잎 흔들릴 때에
봄이 왔음을 보았는가
봄은 겨울의 끝자락에서
바람에 속살 여미듯 움츠리더니
마음 설레듯
연분홍 살구꽃을 틔웠다

봄은 이렇게 오는가 보다
찬바람 세차게 불어 올려
회오리치며 겨울 잡티로
세상을 움츠리게 하지만
봄은 잡티 흔들린 곳을 비집고
쑥이 튀어 나오고
냉이가 터져 나오고
새들이 봄을 부른다

마음이 설레는 것
톡톡 터지는 봄의 꽃봉오리에서
나비가 향기를 따르니
이미 봄은 세상의 모두였다

봄비가 되어

봄비가 내립니다.
찬바람에 누웠던 땅이 일어나며
겨우내 녹슬었던 가슴이 펴지며
깊은 잠속에서 깨어나는 봄이
대지를 적시는 봄비가 되어 내립니다.

겨울이 가는 길목
시린 나뭇가지에
물방울로 동글동글 맺힌 봄이여

나의 하늘 아래
나의 땅으로
돌아오는 봄이여

고고한 절개로 피시렵니까?
화사한 봄 처녀로 피시렵니까?

봄이 오는 길목
버들가지 봄눈 틔워
낭창낭창 설레이며
나의 수줍은
신부가 되어
봄비가 되어
오고 있습니다.

복사꽃

봄에 봄을 입어서 아름다운 복사꽃 당신
연분홍 치마저고리 풀리듯 입고
향긋한 봄내로 바람에 얹혀 떠는 당신
설레는 내 마음이 당신을 품어
몽상을 한다오
나는 지금 몽상을 하고 있다오

산딸기 · 1

뉘 오시는 임일까
두 눈이 하얗게 멀도록
오월을 기다려
붉은 속내 가슴 태우며
기다린 연정

유월의 붉은 해를 다 취하고
타오르는 노을처럼
빨갛게 익어버린
산딸기

더운 가슴 풀어
바람에 흔들리는
빨간 속내의 유혹
뉘라서
손끝에 찔리는 아픔을 마다하랴
한입 물어
붉은 유월이 내 것인데

산딸기 · 2

가시 숨긴 잎사귀
구중심처 백화방에
연둣빛 바람을 잡아
섬섬옥수 고르고
사대문 열어
백화공주 나오시니
천지가 하얀 꽃비에
바람이 길을 텁니다
부우부우 나각 소리
행차길 알려오니
나비부채 접었다 폈다
부끄러운 자태에
소소한 미소
바람에 떨기로
이왕 나신 이 걸음에
행여 쉬이 가지 마시오
머물다 머물다 유월이면
붉디붉은 연가를 불러
단내 그윽한 술을 담가
그대 가슴에 남고 싶소

동글동글 산딸기

노랑나비
팔랑팔랑 날갯짓에
여름이 오고
파란 하늘 둥실둥실
하얀 구름 목동이 쫓네

산딸기가
조롱조롱 빨갛게 익어
꽃바람에 쫄랑거려
귀여운 동생
두 손에 가득 담기네

5월을 품은 찔레각시가 될래요

아직은 차고 이른 봄
허기진 땅으로 내리는 한 방울의 봄비에
마른 풀잎 속 찔레각시가
실눈을 수줍게 비비고 있습니다
붉은 꽃 피워 가슴 설레게 만들 5월이면
힘든 세상에
기댈 수 있는 그대의 그대가 되겠지요
바람에 맡겨진 붉은 향기로
사랑을 품고
당신이 숨 쉬는 곳으로
향기 되어 갈 때를 바라며
그래서 오늘을 견디는 것이랍니다
우리들의 봄날입니다
긴 겨울을 견뎠으니
향기 가득한 5월을 꿈꾸는
작은 찔레가지를 키우는 것입니다

8월 여름

뙤약볕 아래 늘어진 나의 여름
명명한 매미 소리만이
시간의 바퀴를 굴리고
지친 육신은 반항 한 번 못하고
살구나무 아래 묶여버렸다

코스모스 愛

오랫동안 파란 잎새 사이로
그 순한 모습 숨기고 있기에
지난밤 교태로운 달빛 한번 희롱하였더니
오늘은 먼저 나를 반기며
부끄럽지 아니합니다.

나는 코스모스가 좋습니다
바람에 살짝 살짝 웃어주며
들길 가득히 나를 위해 춤을 추시기에
나 또한 부끄럽지 아니하렵니다.

한 시인의 사랑이 잠시 머물고 가기에는
순한 그 자태가 너무 아름다워
차마 감치는 아름다움에 혹하여
연분홍 사랑으로
천생연분을 만들었습니다.

이 밤에 눈은 내리는데

주위는 까만 나락인데
작은 가로등에 매달린
30촉의 불빛만이
이 밤을 헤집고
내 어머니 흰머리 빗질하듯
눈이 내린다.

차가움을 우회하듯
겹겹으로 껴안은 껍데기를
더욱더 부여잡으며
나는 어디로 가나
이 밤을 실 꿰듯 꿰어놓을
친구가 그립다

가을은 무슨 맛일까

장독대에
오동나무 노란 단풍이
시인이 되어 누워 있다
한 해를 익힌 장맛이
나도 궁금한데 저도 궁금한가보다
노란 된장이 누렇게 익어가고
노란 단풍이 누렇게 익어가고
가을은 된장 맛이다

손 시린 첫눈

첫눈이 옵니다
설레임으로 기다려 온 하얀 눈
시리도록 누부시며
그 순백의 단순함으로 지극히 아름답습니다.

백지 위의 세상
그동안 쓰지 못한 당신의 얘기를
오늘은 다 적고 싶습니다.

하얗게 묻혀버린 장독대 뚜껑은
손으로 만지면 환하게 웃습니다.
바로 당신의 얼굴입니다

기다립니다.
쪽문 열린 내 마당 안으로
하얀 발자국이 빨간 인주처럼 찍혀주길
첫눈에 손 시리며 애타게 기다립니다.

겨울에는 빈 가슴이 됩니다

겨울에는
빈 가슴이 됩니다.

사랑이
채워지면
거침없이 사랑을 노래하고

그리움이
채워지면
불멸의 밤에 별을 헤며 노래합니다.

미움이 채워지면…

고독이 채워지면…

내 가슴속에는
겨울비에 떨며 숨어 들어간
가녀린 숨결이 하나 더 있습니다.
나와 같이 숨 쉬고
아침에 일어납니다.

언제부턴가 내 어깨에 걸린
햇살 하나를 뽑아
베틀에 걸고는
노란 봄을 짜고 있습니다.
봄이 오면
나에게 입어보라고 합니다.

내 가슴속에는
나를 위해
봄을 짜는 당신이 있습니다.

겨울날의 촌부

차가운 어둠이
마누라의 달그락 소리에 놀라 달아나면
바가지 물에 비친 햇살이 목구멍으로 넘어간다.

어제같이 지친 몸뚱아리가
한 바가지의 아침 햇살에 그렇게 깨어나
몇십 년의 거친 숨소리를 땅에다 뱉어낸다.

이 겨울에는 조금 쉬어가도 되는 때
내 땅은 차가운 손을 부비듯 내 품을 원한다.
구들에 불 먹이듯
한 수레의 햇볕을 안겨주고 나면
언제나 내 땅은 말없이
차가운 땅거미를 몰아온다.
일상은 한겨울 전부를 이렇게 살며
담배 한 모금도 마누라의
잔소리로 쫓겨난다.

겨울의 내 땅은
그래도 나에게는
아침에 일어나
숨 쉬게 하는 어머니다

겨울의 풍경

하얗게 부서지는 햇살을
두 손으로 움켜잡으려고 입김으로 가둬보지만
이내 떨리는 듯 흩어져 버리고
내 작은 가슴으로 묻혀 가버린다

은빛 차가움 안에 남아 있는 먼 기억의 고향
서럽도록 시린 추억이여
아무리 창을 닫아도
먼 산으로 비치는 하얀 햇살에
이 겨울의 차가움은
더 간절하게 내 사지로 파고든다.

뿌리 깊은 겨울나무

서럽도록 찬바람에
질긴 밤새우며

아부하던 새들의
간사한 조롱에
매질도 당하며

고독이
뿌리까지 얼어붙어
휑휑대는 바람에
나무는 울었다

하지만
아무리 깜깜해도
한 올의 빛만 있다면
절망하지 않는다.

뿌리 밑에
봄을 품고 있기에
봄은 꼭 온다.

설 국

천만 개의 하얀 눈꽃송이로
썩었음을 덮어버린 세상
음지도 없고
양지도 없고
가난도 없고
고통도 없다

갈등과 미움의 변질들이
흔적에 남으려 낮은 비명을 질러보지만
썩음도 덮었음인데
설국에 살아본다.

제2부

하 늘

하늘까지 닿아보자
눈을 높여
내 만상의 한가운데
한 점 찍어보자
50년의 존재감
하늘은 시야의 한계를 넘겼지만
몇 초의 기억으로 남다
푸른 웅덩이가 될지라도

한여름 고추잠자리

더운 여름 한낮의 열기 위로
빨갛게 꽁지가 익은 잠자리 떼
맴돌아 맴돌아 내리는 곳이
바람이 나는 서풍의 그늘이다
파란 풀잎 길게 누운 것을
솟대처럼 세우더니
춤추는 바람을 맞이한다

장난기 발하여 꽁지를 잡으려니
수박만 한 눈알이 돌아
퍼르럭 꽁지야 나 살려라
고추잠자리 맴도는 곳에
바람이 풀숲을 일으킨다

폭 염

한낮 매미 소리 파공음 되어
날아오는 폭염주의보
그냥 있어도 덥고 움직여도 더우니
어디 한곳도 편한 자리가 없다
내리찍는 따가움이 일사병을 할 것 같아
그늘진 곳 찾아 열을 식혀보려 하여도
잎새도 처져 더운 열기만 내린다
시멘트 바닥에서 올라오는
숨 멎을 것 같은 더운 공기
생수물병으로 얼굴을 털어 내리건만
바닥으로 튀는 물방울은 치직거리며 말라가는데
물 말라가는 모양이 이글거리는 땡볕이라
고저 이 열기 식혀줄 소낙비 한줄기가
억수로 왔으면 한다

소나무가 탄다

늙은 소나무가 탄다
비바람에 휘어지고
세월에 구부러져도
나는 푸르다 하던
저 산꼭대기의
푸른 소나무가
붉은 석양에 타고 있다

까마귀

까마귀는 바람을 길들인다.
달을 쪼아 먹고
해를 삼킨다.

까마귀는
권력을 가진 청소부다.

까마귀는
내 썩은 눈을 쪼아 먹고
내 머리 위에 알을 품는다.

까마귀는
알을 깨고 나온 까마귀에게
바람을 길들이라 한다.
달을 쪼아 먹고
해를 삼키라 한다

까마귀는
까마귀에게
권력을 가진 청소부가 되라고 한다.

까마귀는

내 눈이 썩기만 기다린다.

기차 여행

스무 량의 객실
다 채워도 모자랄 인생의 무게인데
그저 가방 하나에 추려보니
칫솔 하나와 책 한 권이 고작이다
비울 수 있구나
그래 떠날 수 있구나
평행선을 달려
정해진 길로 한 치의 오차도 없이
달려가는 기차의 일생이
우리의 여정과 닮았지만
바람처럼 지나가는 창밖의 풍경은
오래된 흑백 사진 속의 기억을 보듬게 하고
순간으로 부딪치는 하행선 객실에는
바코드처럼 흐르는 군상들이
지금 나의 모습을
가격표로 찍어 놓은 것 같다
과거와 현재가 공존하며
평행선을 끝도 없이 달린다
뫼비우스의 띠처럼
종착점이 없는 곳은 아닐까

달려오는 나도 보이고
스쳐 지나는 나도 보이는데
무엇이든 담았던 내 가방을 풀어버리고
잠시 빈 곳의 시선으로
다녀오고 싶다

나는 별을 보았을까

바람에 구름이 건너갑니다.
산 자를 위해
죽어가는 늙은 영혼이 있고
삶에 지쳐
가슴에 구멍이 뚫린 영혼이 있습니다.

바람에 구름이 지나갑니다.
별을 보았습니까.
빈 가슴에 별을 담아 보았습니까.
별은 아파서
하나씩 떨어지는데
마침내
침묵의 어둠으로 빠져 버리면
우리는 누구의 가슴에다
사랑을 말합니까

바람에 구름이 건너갑니다.
세월은 화살처럼 내달려
내 육신의 과녁에 꽂힙니다.
그땐 누구를 원망합니까.

빨랫줄에 매달린 철학

하늘을 가로질러
줄 하나 그어놓은 파란 선상 위로
내 몸의 때를 털어낸
하얀 러닝셔츠가
초록 하늘을 더 눈부시게 한다
바람이 하얀 깃발 되어
전쟁터의 승자처럼 진군하지만
나의 전쟁은 아닌 것을
그저 지나가라고 비켜주는데
바람은 바람을 알리고
러닝셔츠는 하얀 깃발의 승자가 되었다

내 육신의 때는 너에게 속한 것이라며
빨랫감으로 주었는데
아무렇지도 않게 출렁출렁 헹구어내고는
하늘보다 더 눈부시게 다시 펄럭인다
누가 툭툭 건드려도 비켜주니
너도 정겹고 나도 정겹구나.

행복한 하늘

문고리에 걸려 달그락거리던
세상의 들뜬 소리
옷장 깊숙이 숨어 들어간
형형의 색깔

긴-날 습성으로 베인 도시의 향기는
땀내 나는 푸른 바람에 다 날려버리고
내 땅의 고단함을 다 받아주는 당신

당신은 내게 말합니다.
땅이 힘들어하는 것은
우리가 힘들게 만든 것입니다
땅에 사랑이 넘치는 건
우리가 땅을 사랑하기 때문입니다

하얀 대문 안으로
봄처럼 밀려와 떠들어대는
우리 아이들의 행복한 웃음소리와
파란 소나무의 감미로운 흔들림
잔디밭에 누운 아이들의 행복한 하늘

하얀 양떼들이
푸른 초원을 지나가는 소망의 땅

내 삶이 파란 하늘 쪽빛 설레임으로
천년을 노래하는 새가 되었습니다
내 지루한 일상의 삶을
이렇게 아침에 일어나
햇살을 담을 수 있게 하는 건
당신이 내 인생을 간섭하기 때문입니다

숭어가 뛴다

고향의 비릿함을 찾아 올라가는
숭어 떼의 은빛 유영
달빛의 세월에 흐르는 흔적들은
바다로 바다로 갔으련만
무엇이 등댓불이 되어
기억의 파편을 보게 하는 것일까
산자락의 바람에 날려온
민들레 홀씨의 그리움 때문일까
푸른 밤 깊음 속에 울다 잠이 든
소쩍새의 고적함이 생각나서일까
첨벙첨벙 뛰는 도발적인 솟구침으로
기억을 더듬어 강의 꼭대기를 오른다
그 기억은 무엇일까
그 추억은 무엇일까
강물 위로 숭어가 뛴다
비린 내음과 산란의 고통
생과 사의 혼돈 속에
정액이 흐르는 흑과 백의 경계
태어남의 기쁨은 잠시이고
떠나야 하는 긴 여정의 출발점

번개로 가르고
천둥으로 두드리는 혼돈을 벗어나
만리 길로 내달렸던
어머니 젖가슴 같은 묘지로 돌아간다.

서 쪽

붉은 낙조가 산 하나를 태울 때
나는 그리움에 빠진다
쳐다만 봐도 애달픈 서쪽 하늘
먼지를 마시며 달려간 곳이
산자락 붉은 구덩이

차 한 잔의 하늘은
서쪽 하늘의 절반을
그리움으로 태우고
까만 흔적으로 사라져간다

아침 행사

몽환에 비좁은 눈을 비비려고
창을 열어 안개를 헤집고 아침이 본다
뿌옇게 일어나는 내가 보인다
그렇게 아침마다 일어났는데
오늘도 연습이 필요한 것 같다
살아 있음에 감사하는 하품을 하고
마누라에게 습관이 되어버린
모닝커피를 시키고
그렇게 바둥바둥
이불 뺏기는 재미를 다 보고 나서야
나는 일어난다

오래된 노래

부웅 ---
그리움이 저편에서 밀려오는
기다란 뱃고동
먼 섬의 고향에서 보내는
아주 오래된 노래
억겁의 이랑 사이에
애절한 달빛으로 담겨 있는
슬픈 감동

까만 밤이 하얗게 부서지는
외딴섬의 바위틈 사이로
하나하나 달빛에 춤추듯 흔들려 오는
아련한 노래는
내가 그리는 끈끈한 추억까지
또 깊은 바다 속으로 삼켜버린다

해초 냄새처럼
짠내음 가득한 썩지 않을 것 같은 추억
천길의 바다 속으로 숨어들었다가
어느 날 내가 잊어

하얗게 빈 가슴이 되었을 때
숨 쉬는 바람처럼
또 어느 바위틈으로 부딪혀
내가 잊었음을 원망하듯
홀로 서서 노래하리다.

내가 불렀던 아주 오래된 노래
검푸른 파도 위에
바람처럼 별빛처럼 머물다
누가 불러 애절한 노래 되리다.

내 고향 매리梅里

뒷산에 만발한 매화를
바람이 거두어 땅에 내려놓으니
매화낙지형梅花落地形이라
삶의 오만함이 없으니
사람들이 순하고
낙동강 휘어져 부딪치니
물길이 아름답다

무척산 타고 돌아 끝자락에 닿으니
백자천손白子天孫이 나는 명당이라
북쪽에 고바우는
촌부가 잔술에 농이나 노래하는 곳이요
남쪽에 탕건바우는
예를 지키는 선비의 묵향이 배인 곳이라

40여 년 반겨온 정자바위는
어릴 때 소 풀 먹이던 추억이 있는 곳
잠시라도 상념 되어
천릿길로 연락이 가면

꼬추친구들을 불러 모으는
매화향 그득한 내 고향이다.

묵 방

달빛이 녹아 있는
산 깊고 물 맑은 동네
진한 운무의 결계 안에
계곡 물소리만이 거닐고 있다
해를 담은 질그릇 속에
어머니 사랑이
고봉의 쌀밥으로 담겨 있던 고향
산 깊고 해 짧기로
한양 촌놈도 다 안다는 묵방
이산 저산 골짜기마다
밤새 퍼낸 부엉이 울음소리에
찔레꽃 전설 같은 어머니 이야기가
고향 떠나 먼 달을 품고 사는 자식들에게
초막의 고향집에 살고프게 하는 동네이다.

촌 집

—농촌 공동화

이사 가라 한 적 없다
바람에 휑 뚫린
빈 껍데기 달팽이집

엄동설한嚴冬雪寒에
이불때기 하나 없이
어디로 갔나.

아! 낙동강

그토록 긴 세월을 흘렀지만
직진하지 않았다
산허리 감아 돌아
새들 울음소리 다 들어야 했고
논밭 다 둘러
벼 보리 자라야
그때서야 흘러야 하기에
낙동강은 직진하지 않았다

거미줄

허공에 가둔 허공이다
해도 지나니 허공이요
달도 지나니 허공이요
바람도 지나니 허공인데
나만 내 눈에 부딪혀 매달려 있는데
나도 결국 허공에 매달려 있구나.

제3부

장척계곡

신어산 깊은 바람이
계곡을 타고 내려와
아이들 발끝에 닿으니
첨벙거리는 오후는
시원한 바람이 되어
장척계곡을 뛰어다닌다

물빛에 흔들리는
나뭇가지마다
퍼덕이는 여름 햇살이
비닐처럼 걸려 있지만
겹겹의 물비늘들이
계곡을 일으켜
사색의 바람에
동행이 되길 원한다.

달빛 담은 사랑

달빛 담은 술 한 잔의 사랑을 마시자
술에 취해 달에 취해
걸터앉은 평상 다리가 내 다리처럼 삐거덕거려도
그 맛이 너무 깊고 아프다
북극성에 못이 박힌 이 밤
사랑에 허한 내 육신이
찬 이슬 먹고 고뿔이 들어도
이보다 지독한 사랑의 생채기만 할까

가난한 땅

가난한 햇살을 베어버린
동토의 자객은
폭락하는 농부의 가슴마저 찔러
배추밭 고랑에
퍼런 선혈을 철철 뿌려 놓았다.

하얀 바람이
내 아버지의 아버지 땅에 밀려와
고랑 고랑에
점령군의 깃발을 꽂고 지나간다.

파랗게 얼어버린
농부의 신음과
채찍당하는 아픔

아! 농부여
천만번 고뇌의 땅이여
이제 그만 불처럼 활활 타올라다오
그 가난과 고뇌의 방황을 끝내고
오천 년의 아픔 위에 만 년의

새 생명을 다시 키워다오
내 아버지의 아버지 땅 위에

엄 마

엄마는 새벽에 깨어나는
시끄러운 새이다
아이들 부리로 쪼아
물 털기를 시키고
청개구리 같은 아빠를
마당으로 쫓는다
하얀 대문을 열고
세상의 분주함을 다 가져온다

어부의 강

잔잔한 물결 위로
명주실 같은 얇디얇은 햇살이
쉼 없이 일렁이며
고단한 어부의 손등을 두드린다.

원래 한 무리인 것처럼
이미 뱃길을 알고
밀리며 갈라지는 하얀 운무
놀라서 차오르는 겨울새 무리는
사방에서 은빛 파편을 터트린다.

한치 앞의 존재도 엄하게 삼켰던 물안개는
새벽을 토하듯 뱉어내고
바람에 쫓기듯 햇살에 흩어진다.

보라 검푸른 어부의 강을
긴긴 장막을 헤친 축복을 노래하듯
작은 쪽배 위로는 아침 햇살을 가득히 채웠으며
삐걱 소리와 함께 선착장으로 아침을 알린다.

아 들

아침에 일어나
나는 아들 다리를 잡고 늘어진다
아빠 놓으세요
이놈아 조금 있으면 나보다 더 클 텐데
지금 안 괴롭히면 언제 괴롭혀 보겠니
쑥쑥 크는 아들이 좋기는 하지만
꼭 나의 어린 시절이 금방 지나가는 것 같아
이 좋은 시간을 잡고 싶다
그래 이놈아
잘 자라서 고맙다
그렇지만 아빠한테도
너의 어린 시절이 아주 조금은 필요하다

아내와 김장 김치

매콤한 양념 냄새와 젓갈의 숙성된 콤콤한 냄새
미각의 기억은 본능적으로 입을 벌리게 하고
빨간 손끝으로 척척 찢어 굴 하나 싸서
입으로 넣어주는 행복한 맛의 절정은
아내의 미소 속에 맛이 들어 있다
맛있다 그래 참 맛있다

아 내

당신은 정말 따사로운 봄에
심술을 내는 꽃샘추위 같습니다.
그러나 당신은 봄의 전령입니다

당신은 뙤약볕 같습니다.
그러나 당신은 풍요로움입니다.
아니 정확히 당신과 함께할 수 있기에
도저히 당신을 미워할 수 없습니다.

구름과 바람
별과 태양, 달과 안개가 번갈아 기웃거리지만
당신에 대한 나의 사랑은
창조물의 생명처럼
변함없이 영원합니다.

함께한 몇몇 날의 희로애락이
억수의 비와 바람을 만나도
빨갛게 능금은 익었습니다.

서울 연정

별이 별을 밝히는
계곡 사이

침묵의 시詩를 강요하는
먼 산의 잡목 사이

허망한 도시의 불빛은
어둡게 숨어버리고

서울로 올라간
연정이 그리워 밤을 켜는데

저기 강 건너
밤으로 달려오는 기차는
서울까지 긴 연줄을 끄어놓고
내 속내만 엎어 놓은 채
적막의 터널로 들어간다.

머무는 섬이 되고 싶다

떠나는 섬에는 사랑이 남아 있다
붉은 낙조에 흰 갈매기 날개 접어 안식하는 곳
달빛 아래 만상이
흑백으로 되는 섬
허공에 흩어지는 등대 불빛으로
그곳에 섬이 있음을 아는 곳

섬은 혼자 남아 있다
떠난 이가 섬을 찾을까
그래서 섬은 세월을 달렸다
별들이 그리움으로 목이 말라 섬으로 떨어지고
죽은 별의 무덤에서
나무가 자란다
나무는 열매를 매달아도 섬은 혼자 남아 있다

오늘도
허공에 흩어지는 등대 불빛으로
그곳에 섬이 있다는 것을 알 뿐이다
그대 떠난 섬에
달빛으로 머무는 사랑이

흑백으로 색이 바래어
서쪽으로 서쪽으로 흐르고 있다

딸

막내 꼬맹이
뽀뽀 한 번 해주면 용돈 줄게
"싫어요! 엄마랑 할래요"
왜 아빠는 안 해주니
싫어 아빠는 남자잖아
"난 숙녀야"
허걱
넌 이제 초등학교 2학년이다
결국 뽀뽀를 받는다
내가 집에서 제일 대장이니까
권력과 빅딜이다
난 TV 리모컨을 뺏겼다
딸의 뽀뽀를 받기 위하여
내 권력을 버려야 했다

그리움에 잠이 들면

하나의 밤과
두 개의 먼 산이 어둠으로 겹치는 사이
달 하나가
그리움으로 떴습니다.

달은
몇몇 날을 차고 차더니
달이 달을 낳아
호수에 내렸습니다.

어느 묵객이 건져줄까
나그네의 눈 안으로 하얗게 어리어보지만
이내 술잔에 녹아 지워져 버리고
달은 스스로 조금씩 작아져 갑니다.

눈이 감겨 잠이 든 내 꿈 안으로
그리움이 작아진 만큼 숨어들어
또다시 그리움이 자라고 있습니다.

그리고 밤

짐승들의
은밀함이여
늑대가 미쳐서
노래하는 밤

둘의 밤
내가
너를
사랑하는 밤
네가
나를
사랑하는 밤

그리고
밤
잠든 자에게
숨어들어
별이 생기고
별이 죽는 밤

그대 향한 그리움

봄 가고 여름 가고 찾아온 가을 내음
솔숲에 드리운 저녁노을처럼이나
그리움이 갈앉아
그대 향한 미소 되게 하소서

뿌연 세월 너머로 밀려오는 오래된 사진
휭하니 부는 바람 속으로
노랗게 퇴색되어 뒹굴어 버리면
나는 하얗게 슬퍼집니다.

고이 접은 종이비행기
이 바람에 날려 보내면
그대 향한 그리움입니다.

친구야 술잔이 비었다

친구야
술잔이 비었구나
삶이 고달파 찾아왔는데
너 또한 시침에 찔려
버둥거리며 살아왔구나.

친구야
술잔이 비었구나
오늘 밤은
살아온 인생을 고함치며
이태백이 달도 담아보고
헤밍웨이 바다도 마셔보자꾸나

친구야
채색되어 버린
우리 인생의 도화지에
오늘 밤 하얀 물감을 뿌려
설레임의 백지를 만들어보자

친구야

오늘 밤은

별에게 찔려 아파보자꾸나

차 한 잔의 여유

일상의 바쁜 소음과
케케한 회색 내음
혼잡한 도시의 군상들 속에서
내 존재감의 상실

밀려다닌 아스팔트 위의 시간이
바퀴처럼 폭주했음이
우리의 시간이
도둑처럼 쫓겨 어두운 골목길로 내달았음이

차 한 잔의 여유로 걸터앉은
느긋한 황혼의 일체감이
시간의 끝자락이기에 안타깝다

차 한 잔과 9월의 당신

차 한 잔에
국화향 그윽하게 배인 당신
온몸으로 배여드는 수줍음
당신은
찻잔 속에 빠진 9월의 향기입니다

내 겨울의 하얀 바람이
아무리 심술로 수군거려도
당신의 찻잔 속에서는
생명의 대지에서 나오는
9월의 노래가 들립니다.

난 당신을 느낍니다.
국화향 배인 당신의 눈가에서
9월의 향기와 노래가
내 거실의 작은 소파 위로 비발디의 사계를 타고
이 겨울에 9월은 내 안에 한참을 머물다 갈 것입니다

당신의 존재

당신은 나를 꿈꾸게 합니다.
당신과 함께
별을 헤며 바라본 밤하늘은
천사의 날개처럼이나 순결합니다.

당신은 나를 떨리게 합니다.
골방에 앉아 하얀 두 손으로
나를 위해 기도하는 그 모습은
내 삶을 너무나 감사하게 합니다.

당신은 나를 기쁘게 합니다.
범사에 감사하며 순종하게 하였습니다.
당신은 내 삶의 기쁜 노래입니다.

당신을 사랑합니다

사랑하는 당신의 모습은
내 안을 가득히 감아 돌며
흔들리는 달무리처럼 설레이게 합니다

봄바람에 밀려오는
아지랑이 속으로
작은 새싹을 키우듯
당신을 바라보는 내 가슴은
이렇게 따스합니다.

천년을 같이해야 할 듯
너무나 간절한 당신
나도 당신 안에 남아 있고 싶습니다

당신을 사랑합니다.
아침에 바라보는 당신의 모습은
비로소 내가 행복한 이유입니다

제4부

소나무

굽어서 천 년이구나.

기 도

소망의 긴 실타래
풀어서 되감는 실패
한 올 한 올 뜨개질 되어야
소망이 입혀진다.

오! 김해여

태곳적
하늘님의 입김으로
생명의 씨앗이 터져 나와
오천 년 희로애락으로
꽃이 피고 지었던 산하
아름답기에
치열했던 질투의 땅

새벽까치가 땅을 두드리며 춤을 출 때
길게 누웠던 밤의 장막은 걷어지고
오호라!
마침내 땅은 일어나고 있습니다.

오오 김해여
뜨거운 열정이여
이 땅에 새벽이 당신을 부르고 있습니다
당신의 뜨거운 숨소리와 열망으로
이 산하를 취하리니
질투의 이 땅에 사랑이 넘치게 하며
생명을 터지게 합시다

크게 움직여 살아 있음을 고하며
이 땅의 주인들이 춤을 추며
이 땅의 숨결이 모두를 살리게 합시다.

항 해

심히 깊음 위로 나는 가야 했고
감히 넓음 위로 나는 가야 했다
이미 활시위를 떠난 나는
멈추지 않는 항해를 계속하였다

바람에 부딪치며 너울지며
도도하게 왔는데
무엇을 위해 여기까지 왔는가
인생의 절정이
아름다운 포말로
하얗게 부서질 때
내가 기대한 것은
큰 영화로움과 더 큰 희열이 아니었던가
이렇게 모래 몇 모금 뱉어내고
소멸되어 갈 거품이 될 것인가

나의 주님이시여
선하심과 인자하심이여
이제 나를 기억하소서
저 언덕에 부서질 나를 구하소서

동 행

그것은 바람과 돛배 같은 운명이다
바람은 기분에 따라 변덕을 부린다
나의 돛배는 변덕에 침몰하면 죽는다
바람을 달래어 달래어
마침내 항구에 닿으면
바람은 동행이 되는 것이다

새벽 망중한忙中閑

새벽 안개비에 부스스한 머리
아무도 안 보니 걱정도 없다
자잘하게 들리는 참새 소리와
자운영 꽃잎에 연분홍으로
구르는 물방울들이
내 색시 토라져 있는 것 같아
툭툭 건드려 보니
꽃잎으로 쏙 들어가 버린다

뉘 오심에 저러할까
잔잔히 떨리는 가슴으로
꽃대 길게 땋아 올린
노랑머리 유채꽃에는
배추흰나비 한 마리가
안달이 나서 매달려 있다

새벽안개가 동풍으로 벗겨지면
내 부스스한 머리에도
격식의 걱정이 쌓일 것이다
잠시의 이곳에 걱정도 팔자도 내려 보자
새벽 망중한忙中閑이라

별이 된다면

나의 모든 사랑을
구름 흘러갈 수 있는 곳까지
겹겹이 고이 접어
그대에게 띄워 보냅니다.

긴 날의 여로에 지쳐
갈증으로 목이 마른 나에게
내 노래를 들을 맑은 귀를 열어주오
감로수같이 달콤함으로 나를 쉬게 해주오.

내 노래가 시가 되어 별이 된다면
그래서 당신의 별이 된다면
피안에 앉아 쉬는 한 마리 비둘기처럼
평화롭게 잠잘 수 있겠지

님 기다리는 새벽

아직은 겨울이네요
새벽 비치는 창이
시려서 시려서
입김이 붙었습니다.

새벽 기도 나간
우리 님
시린 발길 반겨야 하는데

창에 설 붙어
사슬처럼 묶인 겨울이
내 손에도
차가운 사슬을 채웁니다.

우리 님 시린 발길
겨울 까치보다 먼저 만나기 위해
입김 가득 불어
도둑 같은 겨울을 떼렵니다.

우리 삶의 축복

그대여 창을 열어라
칙칙한 어둠에 잠겨 있는
문고리를 열고
햇살 걸려 있는 커튼을 젖혀보라

네가 걷어낸 장막 밖으로
어두운 산이 열리며
생명의 날개가 기지개를 켠다
은빛 햇살은
아침을 즐기는 새들의 등에 얹혀
세상을 빛칠하며
두 손에 가득 담길 것이다

근심과 환난은 햇살(말씀)로 쏴버리자
그리고
살아 있음을 감동하자
삶에 웃고
자유하자

그분이 주신 세상
살아 있음이 복 중에 복이다.

주님 사랑

나는 바람과 같아
형상이 어지럽게
세상에 쓸려 다니는
바람과 같아
그래도 주님은
나를 사랑한다 하시며
바람의 창을 뚫고
귀를 열어 너는 내 것이라 하시네

열길로 내 달려보아도
도적처럼 숨어보아도
하나님 하늘 아래
주의 사랑 새벽빛같이
나를 일으키시니
내가 깨어나 실족치 아니하네

주님 말씀하시네
내가 너를 사랑한다
주의 사랑 정오의 해같이 부어주시니
내 맘에 찬양이 멈추지 아니하네

기도하게 하시는 하나님

기도하게 하시는 하나님
내 마음에 소원이 일어나
무릎을 꿇습니다
세상으로 가는 마음 꺾으며
저의 마음판에 주님의 말씀 새깁니다
저의 가진 것이 귀하여
제가 가진 세상의 지혜가 아까워
내려놓기를 주저할 때
주님 가신 발걸음 보여 주시며
저의 귀한 것이
한없이 보잘것없음을 알게 하시고
주님 저를 위해 기도할 때에
제가 가진 세상의 지혜가
곧 땅에 썩어질
육신과 같음을 알게 하였습니다
제가 무엇일진대
이렇게 귀하신 분이
저를 위해 저 낮고 낮은 곳에서
저를 위해 기도 하십니까

내 주님 감사합니다

비 오는 날에는 땅에 소중한 생명들이 자라게 하심을
바람 부는 날에는 나뭇잎 흔들려 강하게 하심을
햇볕 내리는 날에는 풍요를 약속하심을
바라보는 소망을 주시고
믿음의 뿌리를 내려 열매 맺게 하심을 감사드립니다

지나는 모든 것들이
흩어 없어지는 섭리일지라도
주님이 주신 생명은 영원함을 믿사오며
주의 손길 아래 새로 태어남을 감사합니다
오늘 감사의 기도 드림을 더욱 감사합니다

나의 믿음은

나의 믿음은
봄날의
새싹같이 자라게 하시고
나의 소망은
여름날의
들처럼 푸르게 하소서

나의 축복은
가을날의
풍요처럼 노래하게 하시고
나의 기도는
겨울날의
눈처럼 쌓이게 하소서

부족함과 연약함으로 엎드려
사랑받게 하시고
세상의 사랑은
달같이 변하여도
주님의 사랑은
해같이 불변함을 알게 하소서

기도하는 겨울

붉은 노을에 꽃잎 떨어지듯
가을의 단풍은 땅으로 숨어들고
한낮의 풍요에 까불거리던 새들도
덤불 속으로 숨어들었습니다

차가움으로 밤이 얼고
들풀처럼 푸르던 나의 계절이
하얗게 쓰러지고 나서야
세상에 겨울이 왔음을 알았습니다

하지만 나의 주님은
차가운 밤중에
달을 더 밝혀 길을 보여주시었고
새벽의 햇살을 붙잡고
기도할 수 있게 하셨습니다

주의 날개 아래 내 영혼이 평안하여
기도할 수 있는
나의 겨울이 되게 하였습니다.

해설

풋풋한 삶 그리고 그리움

최석용의 시 세계

강 희 근

1.

최석용 시인의 첫 시집 《행복한 하늘》의 시편들은 풋풋하다. 대개 시인들의 처녀시집이 그러하듯 최 시인의 시편들은 청순하다. 기교나 중층적 이미지나 사변적인 언술에 놓이는 시가 아니라 자연이 있고, 소박한 삶이 있고, 그리움이 내면에 흐르는 서정시다. 그러므로 말이 까다롭지 않고 서정이 다른 흐름 때문에 굴절되거나 하지 않고 편하게 다가오는 시다. 그렇다고 세계나 시정이 낡아 있다고 할 수 없다. 삶이라는 자장 안에서의 노을이고 새벽이고 한낮이다. 그것은 언제나 호흡하면서 만들어지는 생활일 뿐만 아니라 사람이 사는 어디에서든 낯설지 않게 만나 볼 수 있는 보편적인 사물이고 세계이다.

2.

최 시인의 시는 자연이 거의 모든 시에서 전경前景을 이루고 있다. 삶은 그 뒤나 옆에 있다. 후경後景이 된다.

한겨울의
깊은 동면 위로
하얗게 쓰러진 들풀 위로
아이들처럼 일어나
들판으로 달리며 노니는 햇살이여
어린 봄을
파르르 떨리게 입맞춤하여
봄은 그렇게
사랑에 눈을 떴습니다

대문 밖
빨간 우체통
소인 찍힌 결혼 청첩장
연인들 가슴에
봄은 이미 와 있었습니다

—〈2월 21일 봄〉 전문

소품이지만 산뜻한 시다. 이미지는 낯익은 것이지만 적절히 봄이 오는 풍경을 붙들어 주고 있다. "하얗게 쓰러진 들풀"이라

든가 "들판으로 달리며 노니는 햇살"이나 "빨간 우체통/ 소인 찍힌 결혼 청첩장" 등이 봄이 오는 전령처럼 드러나 있다. 이 시는 봄이 오는 환희를 노래하고 있는데 지나치게 의미의 왜곡을 보인다거나 이미지의 속뜻을 깊숙이 감추어 두지 않는다. 그냥 햇살이 우리 살갗에 내리듯이 그런 가벼운 감촉으로 봄이 오는 느낌을 받으면 된다. 그냥 풋풋한 이른 봄의 향취를 선물 받듯이 받으면 된다.

최 시인은 봄을 이렇게 노래한 정갈한 시편들이 더 있지만 봄의 풍경에 오래 머물지 않고 여름 시편을 보여주고 있다.

> 뙤약볕 아래 늘어진 나의 여름
> 명명한 매미 소리만이
> 시간의 바퀴를 굴리고
> 지친 육신은 반항 한 번 못하고
> 살구나무 아래 묶여버렸다.
>
> —〈8월 여름〉 전문

여름 더위를 이미지로 보여주는 소품이다. "뙤약볕 아래 늘어진"이나 "매미 소리만이/ 시간의 바퀴를 굴리고"나 "살구나무 아래 묶여버렸다" 같은 명징한 이미지들이 그의 강점이다. 많은 말을 하지 않고 짧게 이미지로 여름의 늘어질 수밖에 없는 뙤약볕을 표현하고 있다. 여름은 정열이나 청춘이라는 심상으로 표현되기도 하지만 시는 어쩔 수 없는 더위의 그 지독함을 가감 없이 드러낸다. 그렇다면 이 시는 무엇을 말하는 것일까? 인간은 때로 일하기에는 거북살스런 환경이 있음을 말하기도 하고 아무런 대책 없는 시간 보내기 같은 무료를 드러내기도 한다. 그것이 무엇이든 시인에게는 실존적 시간이고 제끼고 갈 수 없는 조건이 되기도 한다. 독자는 그저 그렇다는 것, 그래서 무위일 수 있다는 것 정도로 지나가면 된다.

장독대에
오동나무 노란 단풍이
시인이 되어 누워 있다
한 해를 익힌 장맛이
나도 궁금한데 저도 궁금한가 보다
노란 된장이 누렇게 익어가고
노란 단풍이 누렇게 익어가고
가을은 된장 맛이다

―〈가을은 무슨 맛일까〉 전문

제목도 좋고 가을이 장맛이라 한 것도 좋다. 가을의 정취를 얼마든지 다른 데서도 느낄 수 있지만 시인은 하나의 풍경을 잡아 그 속에서 가을을 누릴 수 있다. 장독대를 바라본 것인데 거기 오동나무 단풍이 시인이 되어 누워 있는 것 아닌가. 여기서 단풍은 화자이거나 시인이다. '시인' 이라 한 부분이 크게 눈에 띈다. 그런데 그 노란 빛깔 단풍과 익어가는 된장 빛깔을 일치시켜 본다. 그러고는 가을이 된장 맛이라 해 놓고 있다. 시는 다른 데 있는 것이 아니다. 초점이 잡히는 자리가 상상을 떠올려 주는가 아닌가 하는, 그곳에 시적 묘미가 있다. 된장 맛은 장을 담그는 어머니 솜씨를 생각하게 하고 그곳 고향을 생각하게 한다. 그런 것들이 모여서 이루어진 향토적인 서정에 깃들이게 한다.

> 주위는 까만 나락인데
> 작은 가로등에 매달린
> 30촉의 불빛만이
> 이 밤을 헤집고
> 내 어머니 흰머리 빗질하듯
> 눈이 내린다
>
> 차가움을 우회하듯
> 겹겹으로 껴안은 껍데기를
> 더욱더 부여잡으며
> 나는 어디로 가나
> 이 밤을 실 꿰듯 꿰어놓을
> 친구가 그립다

—〈이 밤에 눈은 내리는데〉 전문

최 시인의 겨울은 눈으로부터 시작된다. 인용 시는 눈 오는 겨울밤 친구가 그립다는 내용이다. 이 시에서 "내 어머니 흰머리 빗질하듯/눈이 내린다"는 이미지가 돋보인다. 그리고 "겹겹으로 껴안은 껍데기"와 "이 밤을 실 꿰듯 꿰어 놓을 친구"도 눈여겨 볼 이미지다. 눈이 내리는데 나는 어디로 가나 하는 심정의 표현이 인간 삶의 스산함이다. 그럴 때 눈으로 천지가 하나 되듯 실 꿰어 하나로 꿰이는 관계를 생각한다는 것이다. 이 시는 눈 이미지의 순결함에서도 인간의 근원적인 우수는 지울 수 없는 것임을 말해준다. 인간은 존재함 자체가 갈망이나 갈증의 굴레라는 점을 생각할 때 덮고 덮이는 순결의 강설에서도 외롭고 기다려지는 그 무엇이 있다는 것이 오히려 자연스런 귀결이 아닐까 한다.

최 시인의 자연은 4계를 통해 선을 보이는데 그 정서는 자연 그대로 보편성을 지니고 있다. 환희로움, 늘어짐, 토속적인 맛, 그리움 등이 그것이다. 물론 이 정서는 최 시인만의 것이 아니지만 그것이 풍겨내는 정조는 오로지 최 시인의 것이다.

3.

최 시인은 그가 살고 있는 농촌을 그리고 있음이 눈에 띈다. 그 공간은 그를 있게 하고 먹거리를 만들어주고 또 살아가는 맛과 철학을 세워준다.

달빛 담은 술 한 잔의 사랑을 마시자
술에 취해 달에 취해

걸터앉은 평상 다리가 내 다리처럼 삐거덕거려도
그 맛이 너무 깊고 아프다
북극성에 못이 박힌 이 밤
사랑에 허한 내 육신이
찬 이슬 먹고 고뿔이 들어도
이보다 지독한 사랑의 생채기만 할까

—〈달빛 담은 사랑〉 전문

인용 시는 저녁 한때의 술 한 잔 마시는 정취를 노래하고 있다. 걸터앉은 평상 다리가 나오는 것으로 보아 농촌의 한적한 달밤으로 읽힌다. 술잔에다 달빛을 타서 마시는 맛은 어떤 것일까. 비록 앉아 있는 그곳이 삐거덕거리는 평상 다리라 하더라도 저녁별이 있고 달이 있고 산이 나지막이 싸고 있는, 적막과 미물소리가 있는 곳이니 그 자체가 사랑의 공간이다. 술맛은 그래서 너무 깊고 아픈 맛이다. 아프다는 말 안에 농촌의 삶이랄까, 사람 사는 곳의 애환이 그대로 함축되어 있다. 육신은 허하지만 찬 이슬 맞고 고뿔이 들더라도 이 지독한 사랑을 어쩔 수 없다는 것이다. 최 시인은 한국 신지식인 농업인장 222호를 받은 농촌 현장의 일꾼이기도 하다. 생애를 건 신지식인이요 농업 연구가이다. 그런 시인이 갖는 저녁 한때는, 그 술잔은 어쩌면 이 나라 농업의 현주소에 놓이는 애환이기도 할 것이다.

가난한 햇살을 베어버린

동토의 자객은
폭락하는 농부의 가슴마저 찔러
배추밭 고랑에
퍼런 선혈을 철철 뿌려 놓았다

하얀 바람이
내 아버지의 아버지 땅에 밀려와
고랑 고랑에
점령군의 깃발을 꽂고 지나간다

파랗게 얼어버린
농부의 신음과
째찍당하는 아픔

아! 농부여
천만번 고뇌의 땅이여
이제 그만 불처럼 활활 타올라다오
그 가난과 고뇌의 방황을 끝내고
오천 년의 아픔 위에 만 년의
새 생명을 다시 키워다오
내 아버지의 아버지 땅 위에

—〈가난한 땅〉 전문

인용시는 농업을 주업으로 삼아온 우리 농촌의 아픈 현실을 노래하고 있다. 가난한 농촌의 햇살은 햇살이라도 가난하다. 그 햇살을 동토凍土의 자객刺客이 베어버렸다. 엄동설한이 와서 농부의 가슴을 찌르고 배추밭 고랑을 짓밟아버렸다. 그 바람이 몰려와 밭고랑에다 점령군의 깃발을 꽂았다. 파랗게 얼어버린 농부의 신음소리가 들린다. 농촌의 신음소리다. 그래서 시인은 고뇌의 땅에 그만 활활 불이 타오르기를 희망한다. 대대로 숨쉬고 살아온 밭뙈기에 동토의 자객이 물러나기를 바라고 있다. 그 자객이 추위뿐이겠는가. 정부의 부실한 정책이기도 할 것이고, 농촌을 외면하는 일상인들의 의식 부재이기도 할 것이다. 시인의 시각은 보다 총체적이라 할 수 있다. 〈아! 낙동강〉을 보면 이를 알 수 있다.

그토록 긴 세월을 흘렀지만
직진하지 않았다
산허리 감아 돌아
새들 울음소리 다 들어야 했고
논밭 다 둘러
벼 보리 자라야
그때서야 흘러야 하기에
낙동강은 직진하지 않았다

—〈아! 낙동강〉 전문

낙동강이 직진하는 강이 아니라고 말한다. 생태계 안에서 오밀조밀한 생태 현상을 굽이쳐 흐르며 다독이며 적셔주며 키워주며 정리해주는 강. 그런 강은 직진하며 흐를 수가 없다. 오늘의 생태 파괴는 우심하고 개발의 논리가 우선하는 가운데 수천 년 살아온 농민들은 오히려 주체권을 잃고 소외되면서 한없는 박탈감에 빠져 있다. 농민이라면 그 실상에서 허우적대고 산다는 것을 시인은 잘 알고 '직진하지 않는다' 고 강조하고 있는 것이다. 농민들, 농촌의 현실을 단순한 강우량이나 풍 · 흉년이나 수매가격 수준으로 읽지 않고 있다. 시야가 넓고 걱정하는 마음이 총체적인 데 있다. 최 시인은 고향 '매리' 를 사랑하고 농촌에서의 '새벽 망중한' 을 즐기기도 하지만 그는 고민이 많은 사람이다. 그렇기에 그 고민은 혼자만의 것이 아니라 '아버지의 아버지' 가 대대로 이어온 우리들 삶의 현장으로서의 농촌이고 삶의 비전에 연결되어 있다.

최석용 시인은 그의 삶에서 가족 공동체인 아내, 아들, 딸에 대해 깊은 애정으로 노래하고 있다. "당신은 정말 따사로운 봄에 / 심술을 내는 꽃샘추위 같습니다"(아내) 라든가, "쑥 쑥 크는 아들이 좋기는 하지만/ 꼭 나의 어린 시절이 금방 지나가는 것 같아"(아들)라든가 "난 TV 리모컨을 뺏겼다/ 딸의 뽀뽀를 받기 위하여/ 내 권력을 버려야 했다"라는 애정 어린 표현들이 그의 삶의 내부에서 하나의 충전 모드로 작용하고 있음을 드러내 준다. 그러면서도 삶에서의 그리움이 또 하나의 충전 모드가 되고 있음을 알 수 있다.

하나의 밤과
두 개의 먼 산이 어둠으로 겹치는 사이
달 하나가
그리움으로 떴습니다.

달은
몇몇 날을 차고 차더니
달이 달을 낳아
호수에 내렸습니다

—〈그리움에 잠이 들면〉 전반부

달이 그리움으로 떴는데 어느새 호수로 내려 그리움은 호수 깊이와 넓이로 자라나고 있음을 보여주고 있다. 그리움은 모든 정서의 기간이다. 최 시인은 논에서 산에서 일에서 그리움을 만나고 있다. 그것이 문득 하나님의 섭리에 가 닿고, 그는 크리스천으로서의 기도를 바치는 것을 볼 수 있다.

제가 무엇일진대
이렇게 귀하신 분이
저를 위해 저 낮고 낮은 곳에서
저를 위해 기도하십니까

—〈기도하게 하시는 하나님〉 끝부분

저를 위해 기도하고 계시는 하나님을 만나고 있다. 만상에서 하나님은 눈물이 되기도 하고 안수가 되기도 하고 마침내 죽음을 쳐 이기는 힘이 되기도 함을 그는 몇 편의 시에서 노래하기를 잊지 않고 있다. "나의 믿음은/ 봄날의/ 새싹같이 자라게 하시고/ 나의 소망은/ 여름날의/ 들처럼 푸르게 하소서"(〈나의 믿음은〉)라 하는 간절한 기도가 있어서 그는 그의 생업이 외롭지 않고 정의롭고 보편적이고 가치가 있는 것임을 거듭 확인하고 있는 것인지 모른다.

4.

그러면서도 최 시인은 허공을 바라보고 있다. 기도의 힘이 필요한 일상을 허공으로 보고 응시하고 있다.

> 허공에 가둔 허공이다
> 해도 지나니 허공이요
> 달도 지나니 허공이요
> 바람도 지나니 허공인데
> 나만 내 눈에 부딪혀 매달려 있는데
> 나도 결국 허공에 매달려 있구나

—〈거미줄〉 전문

인용 시는 거미줄에 매달려 있는 것이 허공이고 그 스스로도 허공에 매달려 있음을 말하고 있다. 인간은 때때로 허공을 응시한다. 허공이 불교에서의 '공'일 수도 있고, 크리스천으로서는 이생에서의 순례, 그 한순간일 수도 있을 것이다. 최 시인의 시가 풋풋하다는 것은 그런 일상의 한 지점을 소홀히 하지 않고 즉물적으로 붙들 수 있다는 데 있을 것이다. 그렇지만 그의 시는 서정이다. 사계에 대한 접근이나 농촌의 삶이나 가족 간의 사랑이나 그리움 또는 신에 대한 외경이나 하는 것을 모두 친근한 그만의 시어, 그만의 이미지로 드러내었기 때문이다.

최석용 시인, 그는 이 시집으로 한 시기를 정리하고 있다. 그의 시는 복잡한 세계의 단순화 작업이기도 하고 얽혀 있는 가치의 단순화 작업이기도 하다. 그의 시가 청순하다는 것이 이런 데 까닭이 있다 하겠다.

경남시인선 141

행복한 하늘

최석용 시집

펴낸날 | 2011년 10월 22일

지은이 | 최 석 용
펴낸이 | 오 하 룡
펴낸곳 | 도서출판 경남

주 소 | 631-430 창원시 마산합포구 남성로 42
연락처 | (055)245-8818~8819/223-4343(f)
홈페이지 | www.gnbook.com
블로그 | gnbook.tistory.com
이메일 | gnbook@empal.com
등 록 | 제2호(1985. 5. 6.)
편집팀 | 오태민 | 심경애 | 구도희

ISBN 978-89-7675-721-0-03810

〔값 8,000원〕